ライフスター(九星)早見表

風水を知るうえで役に立つのが、生まれ年から導かれる「ライフスター(九星)」です。まずはあなたのライフスターをおぼえておきましょう。

一白水星	二黒土星	三碧木星	四緑木星	五黄土星	六白金星	七赤金星	八白土星	九紫火星
1963 (昭和38)	1962 (昭和37)	1961 (昭和36)	1960 (昭和35) ★	1959 (昭和34)	1958 (昭和33)	1957 (昭和32)	1956 (昭和31) ★	1955 (昭和30)
1972 (昭和47) ★	1971 (昭和46)	1970 (昭和45)	1969 (昭和44)	1968 (昭和43) ★	1967 (昭和42)	1966 (昭和41)	1965 (昭和40)	1964 (昭和39) ★
1981 (昭和56)	1980 (昭和55) ★	1979 (昭和54)	1978 (昭和53)	1977 (昭和52)	1976 (昭和51) ★	1975 (昭和50)	1974 (昭和49)	1973 (昭和48)
1990 (平成2)	1989 (平成1)	1988 (昭和63)	1987 (昭和62)	1986 (昭和61)	1985 (昭和60)	1984 (昭和59) ★	1983 (昭和58)	1982 (昭和57)
1999 (平成11)	1998 (平成10)	1997 (平成9)	1996 (平成8)	1995 (平成7)	1994 (平成6)	1993 (平成5)	1992 (平成4)	1991 (平成3)
2008 (平成20)	2007 (平成19)	2006 (平成18)	2005 (平成17)	2004 (平成16)	2003 (平成15)	2002 (平成14)	2001 (平成13)	2000 (平成12)
2017 (平成29)	2016 (平成28)	2015 (平成27)	2014 (平成26)	2013 (平成25)	2012 (平成24)	2011 (平成23)	2010 (平成22)	2009 (平成21)
2026 (平成38)	2025 (平成37) ●	2024 (平成36)	2023 (平成35)	2022 (平成34)	2021 (平成33) ●	2020 (平成32)	2019 (平成31)	2018 (平成30)

1月1日〜節分(2月3日)生まれの人は前年が「誕生年」になります。ただし、★が付いている年は2月4日が節分、●が付いている年は2月2日が節分になります。

✨ もくじ ✨

ライフスター(九星)早見表 …………………… 2

第1章 運命をつくるのは、あなた自身

風水とは、空気と水の状態を整えること ………………… 8
東京、京都も風水によってつくられた ………………… 10
目には見えない「気」の力 ………………………………… 12
やってみよう! 風水 ……………………………………… 13
部屋と洋服は似ている ……………………………………… 15
同じ日に生まれても、人生は同じではない ……………… 16
「どんな暮らしがしたいか」イメージしてみる ………………… 18
〈風水チェック〉将来住みたい家を想像してみよう! ……………20

第2章 自分に合った道を知るには

気合いや根性だけでは、うまくいかない …………………………22
成功につながる道は、みんな同じではない …………………………24
ピアニストになれなかったわたし …………………………26
両親と相性のいい子ども、悪い子ども …………………………28
子ども時代は生まれ月の性質が強く出る …………………………32
【パーソナルスター表】…………………………33
　一白水星………34　　　四緑木星………40　　　七赤金星………46
　二黒土星………36　　　五黄土星………42　　　八白土星………48
　三碧木星………38　　　六白金星………44　　　九紫火星………50
〈風水チェック〉身近な人のパーソナルスターを調べてみよう！……52

第3章 幸せになるための子ども部屋風水

家の中心から自分の部屋の方位をチェック …………………………54
八方位別・あなたの部屋の運気 …………………………56
風水でもようがえ …………………………62
机の配置 …………………………64
ぐっすりねむれるベッドの位置 …………………………66
散らかった部屋は、心もみだす …………………………68
パーソナルスター別・幸せになれる部屋 …………………………69
　一白水星………70　　　四緑木星………76　　　七赤金星………82
　二黒土星………72　　　五黄土星………78　　　八白土星………84
　三碧木星………74　　　六白金星………80　　　九紫火星………86
〈風水チェック〉もようがえシミュレーション！…………………………88

第4章　学校生活をじゅうじつさせるための風水

- 人は住まいから発てんする ……………………… 90
- 勉強に集中して、成績を上げたい ……………… 92
- すぐに宿題に取りかかる ………………………… 93
- 朝、すっきり目覚めたい ………………………… 94
- 忘れ物をしない …………………………………… 95
- これだとNG部屋 …………………………………… 96
- これが理想部屋 …………………………………… 98
- スポーツが上達する ……………………………… 100
- 楽器演そうが上達する …………………………… 101
- なりたい職業を見つけたい ……………………… 102
- 人前できんちょうしないようにしたい ………… 103
- 自分の考えをはっきり伝えられるようになりたい … 104
- 部活動で活やくしたい …………………………… 105
- 楽しい学校生活をおくりたい／
  クラスでリーダーになりたい …………………… 106
- 受験で失敗しないようにしたい ………………… 107
- 運よく生きたい …………………………………… 108
- 人気者になりたい ………………………………… 109
- おく病な性格をなおしたい ……………………… 110
- なりたい自分になる ……………………………… 112
- 〈風水チェック〉あなたの部屋の理想部屋度は？ … 114

第5章 友だちや家族と仲よくなる風水

友だちとうまくやっていきたい／
仲間はずれになりたくない／いじめをなくしたい ……………… 116
新しい友だちをつくりたい／
初めて会う人とも仲よく話したい ………………………………… 118
親友をつくりたい／
たん任の先生にほめられたい ……………………………………… 119
けんかした友だちと仲なおりしたい ……………………………… 120
ボーイフレンドがほしい …………………………………………… 121
きょうだいげんかをなくしたい／
お父さんと気軽に話したい ………………………………………… 122
お母さんに対して、素直になりたい ……………………………… 123
かわいくなりたい、かっこよくなりたい ………………………… 124

第6章 毎日の習慣にも風水を取り入れよう

朝一番にまどを開けて、新せんな風を入れる …………………… 126
起きたらベッドを整える …………………………………………… 128
身だしなみを整える ………………………………………………… 129
大きな声であいさつする …………………………………………… 130
花を育てる …………………………………………………………… 132
げん関のくつをそろえる …………………………………………… 133
トイレそうじを手伝ってみよう …………………………………… 134
かばんやランドセルは、ゆかに直接置かない …………………… 136
よく日の準備は前の日にすませておく …………………………… 138
パーソナルスター別ラッキーフード ……………………………… 139
あとがき ……………………………………………………………… 143

第１章
運命をつくるのは、あなた自身

✨風水とは、空気と水の状態を整えること✨

　みなさんは「風水」というと、どんなことをイメージしますか？
「西に黄色いものを置くと、お金持ちになる」
「トイレをきれいにそうじすると、運がよくなる」
　そんな話を聞いたことがある人もいるかもしれません。

　人間は、空気（風）と水がないと生きていけません。
　わたしたちが暮らしている家には、げん関やまどから空気が入り、おふろやトイレ、キッチンには給水パイプを通じて水が入ってきます。
　空気と水の流れがスムーズなら、その家に暮らす人の生活も順調です。反対に、げん関やまどがよごれていたり、はい水口で水がつまっていると、あてにしていたお金が入ってこなかったり、家族がけんかするなど、うまくいかないことが出てきます。

　風水とは、住まいの空気と水の状態を整えて、幸せな人生をおくる方法です。
　きちんと片付いて、かわいいカーテンやきれいな絵がかざってある部屋に入ると、気持ちがよくて、ずっといたい

と思うはずです。反対に、よごれたお皿やカップがテーブルに置かれたままで、ぬぎ捨てた洋服がゆかに散らばり、部屋のすみにはホコリがたまっているような部屋では、落ち着いて勉強なんてできないし、そんな部屋には長居したくないと感じます。

　あなたの部屋はどうですか？　くつろげますか？　それともイライラして外に遊びにいきたくなる部屋ですか？

東京、京都も風水によってつくられた

風水は何千年も前の中国で生まれ、日本に伝わってきたものです。

もともと風水は、王様や貴族など身分の高い人たちだけに伝わってきたものでした。

そして、家だけでなく街全体の設計にも風水が取り入れられてきました。

たとえば京都は、東西南北の四つの方位に最もふさわしい地形がある大吉相の土地です。

東は青龍（流れる川）、西に白虎（大きな道）、南に朱雀（平地）、北に玄武（山）。平安京はまさにそうした地として選ばれたのです。実際に京都には、東に鴨川、西に山陰道、南に平野、北に船岡山があります。鬼門である北東には比叡山

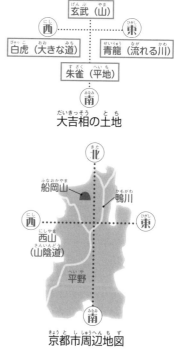

大吉相の土地

京都市周辺地図

があり、天台宗の僧侶がしっかりと平安京を守っていました。
　そして、江戸も風水に基づいた都市です。徳川幕府のはん栄の基そをつくったのが、天台宗の僧侶・天海です。目黒不動、目赤不動、目白不動、目青不動、目黄不動の江戸五色不動、さらには江戸の北東に寛永寺を建立し、天下泰平を祈願しました。
　京都や東京が、その後の長い歴史をかけて発てんを続けてきたのは、こうした風水のパワーが背後にあるのです。

　そう聞くと、風水には昔から伝わる特別なものをつかわないといけないように感じられるかもしれませんが、そんなことはありません。
　わたしたちの日常生活の中で、家具を置く場所を変えたり、色や形を統一することも風水です。まどを開けて新せんな空気を入れるのも、風水につながります。

※鬼門…陰陽道で、じゃあくな鬼が出入りするとしてよくないといわれてきた方角

目には見えない「気」の力

　友だちのことを、「Ａちゃんとは気が合う」「Ｂ君はいつも元気」と表現することがあるはずです。

　「気が合う」からといって、あなたとＡちゃんは何もかも同じというわけではありませんよね。得意な教科やスポーツ、好きなタレントはちがうかもしれません。それでも、Ａちゃんと遊ぶとなんだか楽しくて、いつもいっしょにいたいと思う。そんな関係を「気が合う」とよびます。

　「元気」なＢ君と「病気」のＢ君のちがいは、はっきりわかるでしょう。でも、Ｂ君がじょうずに仮病をつかったり、病気なのに無理してがんばっているとしたら？

　「気」は、はっきりとは目に見えません。でも、あなたとＡちゃんとの関係や、Ｂ君の状態を示すものなのです。

　風水とは、こうした「気」をコントロールする方法です。

　そして「病は気から」という言葉もあるように、「気」によって、わたしたちの状態は大きく変わってくるのです。

やってみよう！　風水

　風水師としてしょうかいされることが多いわたしですが、本当の仕事は、家の設計やインテリアデザインです。
　たくさんの家を手がけ、多くの例を見てきました。
　新しい家に引っこしてから、仕事がうまくいってどんどんお金持ちになる人もいれば、それまで仲よく暮らしていた家族が、新しい家ではけんかばかりするようになる、といった例もありました。
　そのうち、幸せに暮らす家族の住まいには、共通のルールがあることがわかってきました。住まいが人に与えるえいきょうが大きいことに気づき、風水の勉強を始めたのです。

子ども部屋のリフォームやインテリアコーディネートもたくさん手がけました。
　単に素敵な部屋をつくるのではなく、それぞれの子どもの性質に合わせて、楽しく暮らして勉強に集中できる部屋をつくるのです。
　大人より子どものほうが、部屋から受けるえいきょうは大きいのです。なぜなら、子どもは場所が発する「気」の流れを大人より感じやすいからです。そして、毎日成長しているので、すぐに変化が起こるのです。
　もし、あなたが子ども部屋をもらっているのなら、この本を読んで、ぜひ、自分の部屋を整えてください。勉強がはかどり、友だちとも仲よくなり、毎日が楽しくなります。自分だけの部屋がなくても、げん関でくつをそろえたり、そうじのお手伝いをすれば、家族みんなの笑顔が多くなります。
　子どものうちから、いい「気」の中で生活すれば、運のいい大人になる可能性はぐっと高くなります。

部屋と洋服は似ている

　きちんと片付いた部屋と、散らかった部屋では、片付いた部屋のほうがいいのは当たり前です。

　でも、赤いカーテンと青いカーテンは、どちらがいいでしょうか？　それは、そこに住む人や、部屋の方位によってちがいます。

　洋服と同じです。有名デザイナーがデザインし、高級な布や糸でつくられた洋服はとても素敵ですが、すべての人に合うわけではありません。サイズがちがうし、似合う色やデザインも人それぞれだからです。

　だからわたしは、家をつくったり部屋をリフォームする前に、そこに暮らす人のことを知ろうとします。

　その人がどんな人なのかを知るために、大きな手がかりとなるのが、誕生日です。

　誕生日というと、占いのように感じるかもしれませんね。でも、風水で誕生日をつかうのは「あなたはこんな人」と決めつけるためではありません。その人がどういう家で暮らしたら幸福になれるかを知るために、誕生日が必要なのです。

同じ日に生まれても、人生は同じではない

　もし、生まれた日によってすべてが決まってしまうのなら、誕生日が同じ人は、同じような一生をおくることになります。

　でも、現実はそうではありません。現在、地球上では、一日に約38万人の赤ちゃんが生まれています。どの国のどんな両親のもとに生まれるか、あるいは男の子か女の子かで、その後の人生はまったくちがったものになります。

　イギリスのベストセラー作家ジェフリー・アーチャーの小説『ケインとアベル』は、同じ日に生まれた二人の男の赤ちゃんのお話です。わたしはそのドラマを見て、とても感動しました。ここで物語をかんたんに説明しましょう。

- -

　ポーランドで生まれてすぐ捨て子となった赤ちゃんは、アメリカに移民し、苦労を重ねて大人になり、ホテルを経営するようになります。

　一方、アメリカのお金持ちの家に生まれた赤ちゃんは、大切に育てられ、いい学校に入り、銀行の頭取となります。誕生日が同じというだけで、何の接点もなかった二人で

すが、不思議なめぐり合わせで敵同士となっていくお話です。

　ドラマでなくても、現実にだって、同じ日に生まれても、まったくちがう人生をおくっている人はたくさんいます。
　また、姓名判断という名前の占いもありますが、同姓同名の人だってたくさんいます。

　どんな環境で暮らすか。そして、自分が持って生まれたものを、どう活用するか。それによって運はどんどん変わってきます。
　「わたしには無理」とあきらめてしまう前に、環境を変えてみましょう。そのために、風水の知識はとても役に立つのです。

※ 頭取…銀行において社長に当たる役職

「どんな暮らしがしたいか」イメージしてみる

　ドラマ『ケインとアベル』に忘れられないシーンがあります。
　苦労を重ねて社長の座についたケインが、高いビルの社長室から夜景を見おろすシーン。そのあまりの美しさに「わたしもこうなりたい！」と思ったものです。わたしが20代のころです。18歳で無一文で実家を出て、生活していくのが精いっぱいの状態から一人でがんばって暮らしていたころのことでした。

　映像の記おくというのは、とても強く残るものです。
　建築デザイナーとして、いっしょうけんめい働き、自分も理想の家に住めるようになり、いろいろな物件を探しました。
　そして、ある夜、自分の家のまどから外を見ていた時にふと思ったのです。「あのシーンと同じだ、夢がかなっているんだ！」と。ドラマを見た時に、夜景のイメージを強く頭に焼き付けたからこそ、現実のものとなったのです。

　だから、みなさんも、大人になったらどんな家に住みた

いか、今から想像してみてください。

　今はお父さんやお母さんといっしょに暮らしていて、自分の好きな家に住むことはできないでしょう。でも、「海のそばで暮らしたい」「北ヨーロッパのインテリアが好き」「こんなキッチンでお料理したい」など夢を持つのは自由です。雑誌やテレビなどで、素敵な家を見たらしっかりとおぼえておきましょう。そして、「いつかはあんなふうに暮らしたい」と強く思っていれば、夢は実現するのです。

　ぼんやりと「きれいな家に暮らしたい」「お金持ちになりたい」と願うのではだめです。
どんな家なのか。屋根の形は？　かべやカーテンの色は？　家具は？　まどから見えるものは？　お金持ちになりたいのなら、どうやってそのお金を得るのか、どんなことにつかいたいのか想像することを忘れないで生活してください。

風水チェック

将来住みたい家を想像してみよう！

想像することで、夢が一歩近づきます。そして、書くことで夢はまた一歩現実に近づきます。あなたが将来住みたい家を想像して書きだしてみましょう。

＊住みたい国は？ ....
＊まわりの環境は？ ....
＊住みたい場所の気候は？ ....
＊だれといっしょに住んでいる？ ....
＊ペットはかっている？ ....

住みたい家はどんな家？

＊一戸建て？　マンション？ ....
＊部屋は何個ある？ ....
＊家の外観はどんな感じ？ ....
＊かべの色は？ ....
＊カーテンの色は？ ....
＊家具のデザインは？ ....
＊家具の色は？ ....
＊ソファは何人がけ？ ....
＊ベッドの大きさは？ ....

そして、まどから何が見えますか？

....

第2章
自分に合った道を知るには

✨気合いや根性だけでは、うまくいかない✨

「がんばれば、夢はかなう」「努力しなさい」と、先生やお父さん、お母さんから、はげまされている人は少なくないでしょう。

みなさんに期待しているからこそ、そういう言葉が出るのだし、せっかくの才能を持って生まれてきても、なまけている人もたくさんいます。

わたしは18歳の時に無一文で家を出ました。実家はようち園を経営していて、そのまま家にいれば、何不自由のない暮らしができたはずですが、めぐまれていることが幸せとは結びつかず、わたしは何もないところからスタートしたのです。

だから、「どんな境ぐうであっても、気持ちをしっかり持ってがんばれば、夢はかなう」ということは実感しています。

だけれどそれは、わたしが自分に合った道を選んだからです。

住まいに興味があったから、建築設計やインテリアデザインの知識をどんどん身に付け、そこから風水の勉強へと進んでいったのです。まったく興味がなかったり、わたしに合っていない分野だったら、そうはいかなかったでしょう。
　どんなに努力しても、自分に合っていないことなら、かべにぶつかります。「気合いだ！」という考え方だけでは、かべを乗りこえることはできません。
　努力や気合いで乗りこえられるのは、あなたが持って生まれたものにそった目標を目指している時です。

成功につながる道は、みんな同じではない

 だれでも「これなら成功できる」という道を持っているものです。

 たとえば、イチローは野球を選び、アメリカのメジャーリーグへ進んだからこそ、あれほど成功したのです。少しばかり運動神経がいいからといって、イチローと同じ道を選んでも、イチローのようになれるわけではありません。

 自分が成功する道を早い時期に選べることは、近道を進むようなもの。余計な回り道をすることなく、最短きょりで成功することができます。

 イチローのように野球で活やくできるのなら、子どもの時から野球に打ちこめばいいし、音楽や美術、あるいは研究者となり、いだいな発明や発見で社会の役に立つなら勉強に打ちこめばいいでしょう。
 おいしいものをつくって喜んでもらうのが生きがいなら、

料理の道に進めばいいし、その人をかがやかせるファッションやメイクを提案するという道もあります。

　では、どうやったら自分の道を選ぶことができるでしょうか。
　お父さんやお母さんが「これがいい」とあなたにすすめても、それが合っていない場合もあるのです。お父さんお母さんを喜ばせるためだけに努力しても、なかなかうまくいかないこともありますから、自分の道は自分で選ぶことが大切です。

ピアニストになれなかったわたし

　こんなことをみなさんに言うのも、わたし自身が、母の願いにこたえてあげられなかった過去を持つからです。

　わたしの母は、わたしにピアニストになることを望んでいました。
「芸術大学を出てピアニストになってほしい」という母の期待にこたえようと、わたしはいっしょうけんめいピアノを練習しました。母の期待がわたしの望みとかんちがいしていたのです。
　今から思えば、わたしにはピアニストという道は合っていなかったのです。風水を勉強したわたしが今、風水で見ても、わたしに適した職業はピアニストではないとはっきりわかります。

　それにピアニストになるための努力は、なみたいていのものではありません。音楽大学や芸術大学に合格しても、そこでまた競争があります。毎年、何百人もの人が音楽大学や芸術大学を卒業しますが、プロのピアニストとして活やくできる人は、その中でもほんのわずかです。

わたしは受験した学校がすべて不合格でした。母をとても落たんさせました。こうした体験をするのはわたし一人ではありません。

「東京大学を卒業して、財務省の官僚になってほしい」「有名大学を卒業して、新しい会社をつくって大金持ちになってほしい」「いい女子大を卒業して、りっぱな人のところにおよめに行き、いいお母さんになってほしい」など、親は子どもの将来に夢をたくします。
　親と子どもの夢がぴったりいっちすれば、とてもうまくいきますが、たいていの場合は、そうではないのです。
　イチローは最高の形でお父さんの夢をかなえましたが、みんながみんな、そういうわけにはいきません。いっしょうけんめい、野球に打ちこんでも、甲子園に行けない人のほうが多いのが現実です。

※官僚…国の政さくに大きな力を持つ公務員

✨ 両親と相性のいい子ども、悪い子ども ✨

　あなたは、両親と仲がいいですか？
「お母さんとは何でも話せる」という人もいれば、ぎくしゃくして本当のことが言えない親子もいます。
「お父さんが子どものころやっていたスポーツをぼくもやっている」という人もいますね。親子二代続けてスポーツ選手というケースもありますが、「本当は絵をかくのが好きだけれど、お母さんにすすめられてピアノを習っている」なんていう人もいるはずです。

　どのお父さん、お母さんも、わが子には幸せになってほしいと願っています。そして、ほとんどの場合、子どもは成人するまで、両親といっしょに暮らします。
　親子の相性がよければ、子どもはすくすく個性をのばすことができますが、そうでない場合は大変です。両親からの期待にこたえられなくて、苦しんでいる子どももたくさんいます。

「子どもにはちゃんと勉強させて、東京大学に合格してほしい」と望んでいるお母さんがいるとします。小さいうちから塾に通い、遊ぶひまもありません。そして、勉強をさぼるときびしくしかられます。お母さんは子どもがにくくてそんなことをしているのではありません。愛しているからこそ、きびしく育て、これが子どもにとって一番いい道だと信じているのです。

たしかに、東京大学に入るのが合っている人もいます。研究者になってノーベル賞を受賞するかもしれません。そうなったら、きびしく育ててくれたお母さんに、とても感謝することでしょう。

でも、東京大学に入り研究者になるという道が合っていない子どもが、そんなお母さんに育てられたとしたら、どうでしょう。

子どもはもともとお母さんのことが大好きですから、お母さんを喜ばせようとがんばります。でも、自分に合った道でないと、なかなか成績ものびません。そんなことから親子の仲がどんどん悪くなっていきます。

親子の相性が悪いと、子どもは本当に苦しい思いをします。でも、お父さんやお母さんは、あなたにとって「よい道」と思って、レールをしいてくれようとしているのです。
　うまくいかないことがあったからといって、親のせいにしてはいけません。子ども時代は苦しくても、自分の力で道を切り開いていった人もたくさんいます。

　風水では、生まれた日によって、その人に合った道を知る方法があります。もちろん、それですべてが決まるわけではありません。
『ケインとアベル』のように、同じ日に生まれてもまったくちがった宿命を背負っていることもあるわけですが、二人ともビジネスの世界では、着実に階段をのぼっていきました。
　中国で生まれた風水は、日本では九星気学として発てんしました。
　九星気学では、生まれた年によって、九つのタイプに人を分類します。でも、子ども時代には生まれた年によるちがいはあまり出なくて、生まれた月によるちがいが出ることが多いのです。

みなさんも同じ年に生まれた友だちと同じ教室で勉強していても、人によってずいぶんちがいがあると実感していることでしょう。
　大人になってくると、生まれ年の星のえいきょうが出てきます。みなさんが将来、学校を卒業して何十年もたって同窓会に出て「なつかしい」と感じるのは、同じ年に生まれた人が多いからです。

　大人になってみると、生まれ月の九星だけでなく、生まれ年の九星の性質が出てきます。ですから、それまであまりうまくいかなかった関係が、仲よくなることもよくあるのです。
　だから、お父さんやお母さんの望んでいるような子どもじゃないからといって、あまり深こくに考えないでください。大人になってみたら、わかりあえることもたくさんあるはずです。

子ども時代は生まれ月の性質が強く出る

　子ども時代は、パーソナルスター（生まれた月の九星）による性格や適性が大きく出ますから、まず自分の星を知りましょう。ただし、同じ月生まれでも年によってちがってきます。たとえば、きょうだいともに１月生まれだとしても、生まれた年がちがいますから、お兄ちゃんは三碧木星、妹は九紫火星になったりします。次の表でチェックしてください。

　また、生まれ月の九星が同じでも、生まれ年がちがうと、将来は異なる道を進むことになります。「一白水星だからわたしはこうだ」と決めつけるのではなく、自分の中にある可能性の種のようなものだと考えてください。

　たとえば、わたしは生まれ月の九星が、九紫火星。太陽の星ですから、活動的です。スポーツが好きで、リレーのアンカーをやったり、テニスに打ちこんだものでした。

　でも生まれ年は八白土星で、どっしりした山のような存在。今は、あまり動き回るのは好きではありません。

　さっそくあなたのパーソナルスターを探してみましょう。最初に、２ページの「ライフスター早見表」から自分のライフスターを見つけてください。次に、右の「パーソナルスター表」であなたのパーソナルスターを見つけましょう。

パーソナルスター表

あなたのライフスターと生まれた月が交わるところがあなたのパーソナルスターです。

たとえば、あなたのライフスターが一白水星で2月生まれなら、パーソナルスターは八白土星です。一白の本質を持ちながら、八白の性質を合わせて持っていることになります。

ライフスター＼生まれ月	一白水星／四緑木星／七赤金星	二黒土星／五黄土星／八白土星	三碧木星／六白金星／九紫火星
2月	八白土星	二黒土星	五黄土星
3月	七赤金星	一白水星	四緑木星
4月	六白金星	九紫火星	三碧木星
5月	五黄土星	八白土星	二黒土星
6月	四緑木星	七赤金星	一白水星
7月	三碧木星	六白金星	九紫火星
8月	二黒土星	五黄土星	八白土星
9月	一白水星	四緑木星	七赤金星
10月	九紫火星	三碧木星	六白金星
11月	八白土星	二黒土星	五黄土星
12月	七赤金星	一白水星	四緑木星
1月	六白金星	九紫火星	三碧木星

誕生日が節入り（月の初め）の場合、パーソナルスターは前月の星になることがあります。
節入りは春分を基点とした太陽の位置によって決まるので、年によって1日程前後します。
【節入り】1月6日、2月4日、3月5日、4月4日、5月5日、6月5日、7月7日、8月7日、9月7日、10月8日、11月7日、12月7日
☆正確には、携帯サイト（http://yumilyr.com/）で生年月日を入れてチェックしてください。

★一白水星（いっぱくすいせい）★

　九つの星の中でただ一つ「水」を持ちます。水は、四角い容器に入れれば四角くなり、まるい容器ではまるくなります。そして、温めれば水じょう気になり、冷やせば氷になるように、変げん自在。そんな水の性質を持つので、周囲に合わせて自分を変えることができます。

　友だちづき合いがじょうずですが、一気に仲よしになるのではなく、相手のことをちゃんと観察しながら、少しずつ親しくなっていきます。聞き分けがよく、先生や両親の言うこともきちんと守ろう

とする優等生。人にたよらず、なんでも自分の力だけでやろうとします。

　人のことを思いやるのは、あなたの長所ですが、自分の個性をなくしてはいけません。自分の気持ちよりも「お父さんやお母さんが喜ぶから」という理由を優先していませんか？　大切なところでは「わたしはこうしたい」「これが好き」と主張しましょう。

パーソナルスターが一白水星の有名人　　錦織 圭

　生まれは島根県松江市。11歳で全国小学生テニス選手権優勝、13歳の時にアメリカ留学。外国でものびのびと活やくできたのは、一白水星のじゅうなん性があるからでしょう。一白水星は、親元や育った家からはなれて暮らしたほうが、幸運にめぐまれることが多いのです。シングルだけでなくダブルスでも好成績を収めたのも、人に合わせるのが得意だから。

　大人になってからは、生まれ年の二黒土星の特性が出てきます。どっしりとした大地のような存在になり、人を育てます。自分の経験をいかして、テニスを教えたり、テニスクラブを経営するのもいいでしょう。

★二黒土星（じこくどせい）★

多くの命を育む大地の星。「わたしが」「ぼくが」と自己主張することはあまりなく、引っこみ思案に見られることも。大地は平たんだからこそ、作物が育ちやすいのと同じで、目立たないからといって実力がないわけではありません。素直で裏表のない性格で、みんなから信用されます。

コツコツと努力を重ねるのが得意ですから、勉強でもスポーツでも得意なもの、好きなものを見つけて打ちこみましょう。何かを決めるまで時間がかかりますが、あせることはありません。おけいこ

とや部活動など、あわてて決めたり、無理に友だちと合わせると、後かいすることになるので、じっくり考えましょう。

ただし、「今日は何をして遊ぶ」「おやつには何を食べる」といった日常的なことは、友だちをイライラさせないように、すぐ決めましょう。

パーソナルスターが 二黒土星の有名人　　澤 穂希

男子に比べて注目されることの少ない女子サッカーでコツコツと努力を積み重ね、世界一の座をつかんだのは、まさに二黒土星のパワー。「夢は見るものでなく、かなえるもの」という言葉が有名ですが、地に足のついたしっかりした性格を示しています。

大人になってくるとともに生まれ年の四緑木星の性質が出て、人のためにつくします。チームメイトから信らいされるのもそのためでしょう。「苦しい時はわたしの背中を見て」と、仲間をはげましながらチーム一丸となれたのは、澤選手の二黒土星と四緑木星の長所を出し切ったからです。

三碧木星(さんぺきもくせい)

　花(はな)や庭木(にわき)のように成長(せいちょう)が早(はや)く、大人(おとな)のような考(かんが)え方(かた)をします。自分(じぶん)の考(かんが)えをしっかりまとめることができ、話(はな)すのがじょうずだったり、歌(うた)の得(とく)意(い)な人(ひと)も多(おお)いでしょう。一言(ひとこと)多(おお)くて、先生(せんせい)や親(おや)からしかられることも。単(たん)なるおしゃべりで終(お)わらせるのではなく、作文(さくぶん)や詩(し)、まんがなど作品(さくひん)として残(のこ)すようにしましょう。

　新(あたら)しいものが大好(だいす)きで、友(とも)だちより先(さき)に体験(たいけん)しようとします。欠点(けってん)は根気(こんき)がないこと。めずらしいうちは熱心(ねっしん)に取(と)り組(く)むのですが、一定(いってい)の期間(きかん)が過(す)ぎると、熱(ねつ)が冷(さ)めます。そ

こを乗りこえて続けることで、新たな目標ができて、さらに上の段階に進むことができます。
　中途はんぱにやめてしまってはもったいないので、あきたからといってすぐに投げ出すのは、やめましょう。

パーソナルスターが三碧木星の有名人　宇多田 ヒカル

　15歳で歌手デビューを果たした早熟な天才。声や音楽といった三碧木星の持つパワーを最大限に活用して、ほとんどの曲を作詞作曲しています。だれよりも早く新しい体験をしたいという三碧木星らしく、10代で結婚もしました。
　生まれ月のえいきょうが出るのは大人になるまでですから、いつまでも三碧木星のスピードを維持することはできません。その意味では芸能活動を休止し、じゅう電するのはかしこい選たくでした。生まれ年は九紫火星なので、はなやかなスポットライトを浴びるのが似合います。しっかりと休んだら、再び世界をみりょうする歌声を聞かせてくれることでしょう。

四緑木星
しろくもくせい

　森林の樹木のような星。明るく素直で、みんなに好かれます。人気者だからといって調子に乗らず、まわりの人を思いやるやさしさを忘れません。だれとでも仲よくできる力は、大人になっても、とても役立ちます。ただし、自分のことを後回しにして、人に合わせてばかりいると、本当の自分はどうなのかがわからなくなってしまいます。時には「人は人、自分は自分」と区別することも必要です。友だちがやっていることでも、あなたはあまり興味がないのなら、お話を聞いてあげるだ

けで、無理にいっしょにやらなくてもいいのです。
　同じことが続くとあきてしまい、新しいことを始めたくなります。学校の勉強など、つまらないと思っても続けなくてはいけないことは、一週間や一カ月で達成できる目標を立てて、変化を自分でつくってみましょう。投げ出さずに最後までやりとげたなら、とてもいい気持ちになり、自分に自信が持てます。

パーソナルスターが四緑木星の有名人　　有川 浩

　子ども時代は、世界の童話シリーズや百科事典など片っぱしから読み、愛読書は『シートン動物記』から『赤毛のアン』など。「図書館戦争」シリーズや『阪急電車』『県庁おもてなし課』など、はば広い作風の小説を書けるのは、そうしたちく積があったからでしょう。四緑木星は好奇心おうせいで、本やドラマで新しい世界を知ることが大好きなのです。
　書くことがしゅみで終わらず、小説家になれたのは、生まれ年が一白水星だから。一白水星は知恵の星で、時間帯では夜を司ります。人が寝静まった夜に原こうを書く仕事にはぴったりの星です。

★五黄土星★

　すべての中心にいる王様の星。九星の中で最もパワーのある星ですから、リーダーの役割を果たすことも多いでしょう。一度、自分で決めたことは必ずその通りにしようとします。たとえ大人の意見でも、納得しなければしたがいたくありません。そんな強情な表面の下には、やさしい心があり、親しい友だちや家族を大切にします。困っている人がいると、知らんぷりができず、助けようとします。

　スタートダッシュは苦手で、新しいことを始めると、友だちにおくれを取ることもあり

ますが、決してあせらないで。あなたはじわじわと力をのばし、いつのまにかトップに立つ大器晩成型。目先の勝ち負けにとらわれて、くやしい思いをする必要はありません。「いつかはわたしが一番になる」という自信を持って、堂々としていましょう。

パーソナルスターが五黄土星の有名人　　山中 伸弥

　iPS細胞の研究でノーベル生理学・医学賞を受賞。中学・高校時代は柔道に打ちこんでいたというのは、いかにも五黄土星。土の星は、柔道や野球など、走り続けないスポーツに向いているのです。その中でも五黄土星は帝王の星ですから、チームスポーツよりも個人競技が得意です。
　生まれ年の九星も二黒土星と土の星なので、細かく立ち回ることは苦手です。外科を選んだものの、手先が器用でなく手術ではじゃま者あつかいされたのは、そのためでしょう。土の星はコツコツと積み重ねていく性質がありますから、研究の道に進んで正解でした。

★六白金星★

　大空や天体を示します。天空には、常に太陽や月、星が運行しているように、エネルギーにあふれ、じっとしているのは苦手。興味が持てることを探して、活発に動き回ります。命令されることがきらいで、自分が中心となってルールをつくろうとします。規則のきびしい学校生活や部活動では、きゅうくつに感じることが多いでしょう。おかしいと思って反こうしたくなりますが、親や先生と対立すると、それだけでエネルギーをつかってしまい、本当にやりたいことができなくなって

しまいます。決められたことは守ったうえで、実力を発揮して周囲を感心させましょう。

　友だちからたよられることが多いしっかり者。あなたがいるとグループがまとまります。でも、いつもあなたの意見ばかり主張していると、きらわれます。あまり口を開かないおとなしい友だちがいたら、「どう思う？」と聞いてみましょう。そんな心配りができれば、将来にも役立ちます。

パーソナルスターが六白金星の有名人　　イチロー

　小学6年生の時に書いた作文には、乙んな風にあります。「ぼくの夢は、一流のプロ野球選手になることです。そのためには、全国大会で活躍しなければなりません。活躍できるようになるには、練習が必要です」「3年生の時から今まで、365日中360日ははげしい練習をやってます。そんなに練習をやっているのだから、必ずプロ野球選手になれると思います」
　自分が心から納得して打ちこめるものがあれば、六白金星はここまで努力できるのです。生まれ年は九紫火星。子ども時代だけでなく大人になっても闘争心を持ち続けたのは、六白金星と九紫火星の組み合わせによるものです。

★七赤金星★

　キラキラかがやく夜空の星。だまっていても目立ってしまうはなやかな存在です。おしゃべりが得意で、一人でいるより友だちといるのが大好き。競争して人に勝つよりも、いっしょに楽しく過ごしたいと考えていますから、友だちからも好かれます。「勉強しなさい」「お手伝いしなさい」と一方的に命令されると反こうしたくなりますから、親や先生に言われる前に自分から進んでやるといいでしょう。「やりたくないけれど、お母さんに言われたから、しかたがない」と勉強しても、集中

できずなかなか頭に入ってきません。
　いつもニコニコしていますが、プライドは高く、先生や親からしかられるとけっこう落ちこみます。そんなデリケートな面があるので、しかられるようなことはできるだけさけること。忘れ物がないように、学校の準備は前の日の夜にすませ、友だちとのおしゃべりは休み時間だけに。そんなふうにきちんとした毎日をおくっていると、キラキラしたかがやきがいっそう大きくなります。

パーソナルスターが
七赤金星の有名人　　石川 遼

　小さなころは引っこみ思案。「ハニカミ王子」というニックネームは、まさに七赤金星。競争相手に勝ちたいという気持ちを前面に出さず、ニコニコほほえんでいるイメージです。ゴルフは相手と直接戦うスポーツではないので、七赤金星の石川遼選手にはぴったりのスポーツです。七赤金星は会話を司る星ですから、海外遠せいのために楽しみながら英会話を学んでいるのでしょう。
　生まれ年の九星は九紫火星。ラッキーカラーは赤ですから、赤いゴルフウエアがよく似合います。九紫火星の負けずぎらいな面が出て、勝負師となっていくでしょう。

★八白土星★
(はっぱくどせい)

どっしりとそびえ立つ高い山。あちこち動き回るよりも、じっくりとこしを落ち着けて自分の好きなことに取り組むのが好きです。だから一日に何科目も授業がある学校生活にはあまりなじめず、実力が出せないことも。成長するにつれて、ペースがつかめてくるので、あせらずマイペースで進めましょう。将来の夢に向けて、コツコツと努力すると結果が出ます。なんとなく毎日を過ごすのではなく、「大人になったらこの仕事をやりたいから、今はこれをがんばる」という目標を持ちま

しょう。

　山は決して動きません。ハイキングやキャンプのために人が山にやってくるのです。だからあなたも自分から動き回って友だちを集めるのではなく、友だちが寄ってくるような存在を目指しましょう。ただし、だまっているだけでは、あなたのよさは伝わりません。あいさつはにっこり笑ってはきはきと。友だちの話を真剣に聞いてあげると、喜ばれます。

パーソナルスターが八白土星の有名人　野口 健

　高校時代までは、学校の勉強にも興味が持てず、エネルギーを持て余していました。植村直己の著書と出会ったことで登山に目覚め、世界各地の山で最年少登頂記録を樹立。八白土星は山の星ですし、スピードを競うのではなく、一歩一歩着実に自分の足を進める地道な性格は、登山に適しています。

　大人になっての性格を示す生まれ年の九星は九紫火星。エベレスト（チョモランマ）、富士山などでゴミを回収する運動など、環境問題にも取り組んでいます。そしてシェルパの遺族を救う活動など、社会のためにつくす行動は九紫火星の性質によるものです。

★九紫火星★

　九つの星の中でただ一つの「火」の星。太陽の意味もあります。周囲を明るく照らす存在です。勉強もスポーツも得意で、クラスの中心になることも多いでしょう。友だちと同じようにさわいでいても、一人だけ目立ってしまい、先生からしかられることがあるかも。

　好奇心おうせいで、目新しいものに興味を示します。太陽が地面のすみずみまで照らすのと同じで、自分にとって未知のものがあれば、知りたいと強く願うのです。だから復習はあまり好きではなく、

テストでも、ちゃんとできているのに、不注意なミスで減点されたりします。

　火は水をかけると消えてしまうように、急に元気がなくなることもあります。何か打ちこめるものがあれば、情熱の火は消えません。スポーツやしゅみ、おけいこごとなど「これだけは続けたい」と思えるものを持ち続けるようにしましょう。

パーソナルスターが九紫火星の有名人　　長谷部 誠

　スポーツだけでなく勉強にも打ちこむ子ども時代を過ごしました。小学校２年生の時に「学校で毎日一冊ずつ本を読む」という目標を立て、実行していました。情熱の火を燃やし続けたのです。九紫火星は、だれとでも仲よくなりたいと願うタイプ。みんなにきらわれている子がいたら、いっしょにいてあげるやさしさもありました。

　生まれ年の九星は八白土星。サッカー選手を引退後も、どっしりとした山のような存在感を発揮し、指導者として日本のサッカー界を支えていくことでしょう。

風水チェック

身近な人のパーソナルスターを調べてみよう！

	ライフスター	生まれ月	パーソナルスター
自分			

家の中心から自分の部屋の方位をチェック

風水では、方位をとても重視します。

方位とは、家の中心から見た八つの方位。どんなに大きなお屋しきも、ワンルームマンションも中心は一つだけ。そこから方位が生まれます。家族全体の運気に関わるのは、家の中心から見た方位です。

そして、独立した部屋であれば、部屋の中心から見て、八つの方位を割り出します。これは、その部屋を主につかう人の運気にえいきょうします。

子ども部屋をもらっているのなら、家の中心から見てどの方位に自分の部屋があるかをチェックしましょう。それによって、あなたの家族の中での役割が決まってきます。

家が正方形や長方形なら、対角線が交わったところが中心です。マンションなどでは、張り出していたり、欠けているところもあります。

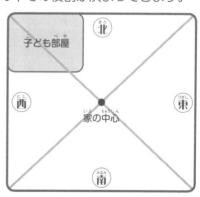

張りや欠けが一辺の長さの三分の一以下なら、張りや欠けを除き、中心を出します。張りや欠けが大きい場合は、平均して中央を求めます（図参照）。

張り・欠けを除いて中心を求める方法

・張りが側面の
　三分の一以下

家の中心

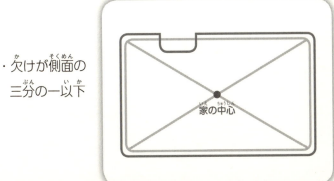

・欠けが側面の
　三分の一以下

家の中心

八方位別・あなたの部屋の運気

あなたの部屋の方位がわかったら、方位に合わせた風水で、勉強しやすい部屋にすることができます。

東

日の出の方位。勢いのよいスタートを象ちょうしますから、子ども部屋にはとても向いています。

毎日新しいことを学んだり、家族に新しいニュースを伝えるなど、東の方位がもたらす新せんな力を活用しましょう。

ラッキーカラーは青と緑。木のパワーがあるので、木製の家具を置きましょう。観葉植物や花をかざるのなら、からしたりしおれたりしないように気をつけてください。

アップテンポの楽しい音楽をかけると東の方位のパワーがさらに強くなります。

南東

　勢いのある東と、はなやかな南のパワーを両方持つ吉方位。子ども部屋、特に女の子の部屋にすると、幸せにめぐまれます。

　南東の部屋で寝起きしていると、社交的になり、いい友だちがたくさんできるでしょう。

　ラッキーカラーは青と緑。東の部屋と同じく、木製の家具を置き、観葉植物や花をかざりましょう。

　そして、風を通すことも南東の部屋の開運効果を大いに上げます。しめきった部屋では南東のパワーも消えてしまいます。

南

　太陽の力が最も強くなる方位。南の部屋で暮らしていると、どこでも目立つ人になります。スポットライトを浴びて、はなやかな活やくをすることもあれば、失敗して悪く目立ってしまうことも。南の部屋の人は、行動に気をつけましょう。

ちょっとしたことにかっとなるようでは、南の方位の長所をいかしきれていません。目標に向かって、全力でがんばるような、情熱的な生き方が似合う部屋です。

　むらさきや赤をアクセントカラーとしてつかうと、南のパワーを強化できます。

南西

　太陽が西にかたむきかける方位で、風水では「裏鬼門」とよばれています。鬼というとおそろしいイメージですが、変化を意味します。まだお昼だと思っていたら、日がかたむいてきて一日が終わってしまいそう、というイメージです。

　きちんと準備さえしていれば、変化をおそれる必要はないのと同じで、南西の部屋は、整理整とんやそうじが行きとどいていれば、そこで暮らす人に大きな幸運をもたらす部屋です。

西

　楽しいことがたくさんある方位で、金運にも吉ですが、遊んでばかりで勉強に身が入らないようでは困ります。キャラクターグッズやまんがを楽しむのはいいのですが、出しっぱなしにせず、勉強中は戸だなや引き出しにきちんと収納する習慣を。

　西日対さくも重要です。強い西日が入る部屋で暮らしていると、むだづかい体質になってしまい、計画性もなくおこづかいをつかい果たしてしまいがち。しゃ光カーテンでは部屋が暗くなってしまうので、明るさを保つカーテンで西日をカットしましょう。

　ラッキーカラーは白。すっきりした白い家具が集中力を上げます。ポイントカラーに黄色も。気持ちを豊かにしてくれます。

北西

　とてもしっかりした優等生になれる方位。家族からもたよりにされることも多いでしょう。あなただけでなく、家族全体、特にお父さんの運気を左右する重要な方位ですから、

部屋を大切につかってください。

　ぬぎっぱなしの服をゆかに置いたままにしたり、ゴミをためるなど、だらしないつかい方をすると、お父さんの仕事に悪いえいきょうが出ます。お休みの日に、ごろごろ過ごすのもよくありません。遊びと勉強の時間の区別をしっかりつけるのが、北西の部屋の正しいつかい方です。

　ラッキーカラーは白と水色。メタリック系のかっちりした家具もおすすめです。

北

　北は学問の方位ですから、勉強部屋に向いた方位です。冬は寒くなりがちなので、しっかりだんぼうを。その際、かん気に気をつけてください。寒い空気が入らないようにしめ切ったままにすると、空気がよどんでしまい、勉強の効率が落ちます。

　北は水のパワーを象ちょうする方位ですから、金魚ばちや水そうを置くとラッキーに。ただし、水がよどんではかえって運気に大きなマイナスですから、水はきれいな状態に保ちましょう。花びんの水も毎日、取りかえましょう。こん色や白や黒などの色が合います。

北東(ほくとう)

　風水(ふうすい)では「鬼門(きもん)」。夜明(よあ)け前(まえ)の一番暗(いちばんくら)い状態(じょうたい)です。「鬼門(きもん)」がおそれられるのは、夜(よる)から朝(あさ)へと大(おお)きな変化(へんか)を司(つかさど)る方位(ほうい)のため。きちんと部屋(へや)をつかえば、成績(せいせき)が上(あ)がったり、友(とも)だちと仲(なか)よくできるなど、いい効果(こうか)が現(あらわ)れますが、逆(ぎゃく)にだらしなくつかうと、一気(いっき)に運(うん)が下(さ)がってしまう、少(すこ)しこわい方位(ほうい)なのです。

　自然界(しぜんかい)では山(やま)を象(しょう)ちょうするので、どっしりと構(かま)えてにんたい強(づよ)く勉強(べんきょう)すると必(かなら)ず結果(けっか)につながります。

　ラッキーカラーは黄色(きいろ)や茶色(ちゃいろ)、ベージュ。落(お)ち着(つ)いて過(す)ごせるインテリアにしましょう。とうきの置物(おきもの)も集中力(しゅうちゅうりょく)を上(あ)げる効果(こうか)があります。

風水でもようがえ

　子ども部屋のレイアウトで最も大切なのが机の向き。あなたの机は、どのように置かれていますか？　机の向きを変えるだけで、勉強への集中力がまったくちがってきます。

　かべに向けて机を置いている人が多いでしょうが、これでは目の前が圧ぱくされます。
　座った時に入口のほうを向くように机を置くのがベストです。

　アメリカ大統領の部屋や、大企業の社長室をテレビなどで見たことがありますか？　机は入口に向けて置かれ、ドアを開けて入ってきた秘書や部下に机に座ったまま、堂々と対応しています。

　子ども部屋の主役はあなたなのですから、机は部屋のすみではなく、中央に置きましょう。目の前がかべでふさがれていると、目の前にあるのはせまい空間だけです。息苦

しくなり、「どうせ勉強しても、成績は上がらないだろう。先生にしかられないために、最低限のことをやっていればいい」と後ろ向きの発想になります。

　反対に、机の前に空間が広がっていると、座るたびに、堂々とした気持ちになり、勉強したことが確実に身について、テストでも落ち着いて解答できるようになります。
　学校の教室のように前に空間が広がり、前から気を感じて受けるような配置がベストなのです。

　机の前が広々としているのがいいといっても、まどの外が見えるように勉強机を置くのは、あまりよくありません。お茶を飲むテーブルなら、まどから外が見えたほうが明るい気持ちになります。でも、勉強机をまどに向けて置くと、屋外からの強いエネルギーに当たることで気持ちが開放的になり、勉強に集中できません。教室でも、まど際の席の生徒は、つい外を見てしまい授業がおろそかになりがちです。

机の配置

かべに向けた机

かべに向けた机では、目の前にはせまい空間だけ。しばらくすると息苦しくなり、勉強をさぼりたくなります。インスピレーションもわいてこないので、作文や絵もつまらない内容になってしまいがち。

まどに向けた机

まどに向けた机は、勉強にはあまり向いていません。開放的で明るい気分になれますが、目の前の教科書に集中するよりも、遊びにいきたくなります。まどからの光をななめ右かななめ左から受ける位置に机を置くのが理想的。

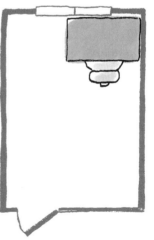

机の前に広々とした空間

机の前に広々とした空間があると、意志の力が強くなります。「勉強するのは自分のため」という強い意志が持て、先生やお母さんに言われなくても、勉強にとりかかれます。発想も豊かになり、けっ作が生まれるかも。

ぐっすりねむれるベッドの位置

　机に座った時に、見えない位置にベッドを置くのが理想的な配置です。勉強中にベッドが目に入ると「休んでゴロゴロしたい」というなまけ心が起こってしまうからです。朝、起きても、ふとんをたたまずにしきっぱなしにしている人は、だらしない生活をおくるのと同じことです。

　スペースの関係で、どうしても机からベッドが見えてしまうなら、ベッドを「ねむる場所」と意識しない工夫を。具体的には、ベッドの上にクッションを置いて、ソファのように見せたり、ベッドカバーをかけて、ふとんやまくらを見えないようにします。欧米でも、きちんとした家では、起きた後のベッドをそのままにせず、ベッドメイキングをしています。

　ぐっすりねむるためには、まくらの位置が重要です。起き上がった時に、ドアから入ってきたエネルギーを前方から受けるようにしましょう。ただし、ドアと真正面に置くと、エネルギーが強すぎて安みんできません。

　起きたらベッドメイキングをしてふとんに空気をおくり、たくさん新しい気を入れておくことが大切です。

good! ドアからのエネルギーを前方から受けるまくらの配置。

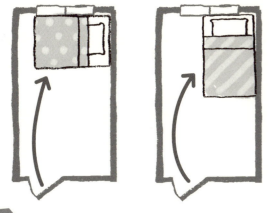

bad! ドア側にまくらがあると、パワーがめぐってきません。

bad! ドアと一直線にまくらがあると、エネルギーが過じょうになります。

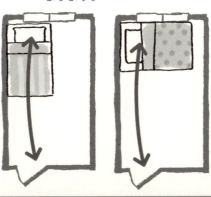

散らかった部屋は、心もみだす

　風水はおまじないではありません。部屋を整えて、そこに暮らす人が幸せになれるようにする環境学です。

　西に黄色いものやドラゴンの置物を置いてラッキーになるといっても、散らかった部屋にさらにものを増やすと、運気が上がるどころか、ますますみだれてしまいます。開運グッズを置く前に、部屋を片付けることが先決です。

　何がどこにあるかわからないほど散らかった部屋に暮らしていると、学校生活にもマイナスのえいきょうが出ます。忘れ物が多くなるし、必要なものがすぐに見つからず探さなくてはいけないので、その分だけ勉強や遊びにかける時間が短くなってしまいます。そして、宿題をやろうにも、余計なものがたくさん目に入り、集中できません。

パーソナルスター別・幸せになれる部屋

　パーソナルスター（生まれ月の九星）を意識した部屋づくりをすると、居心地よく感じられ、自分の部屋に愛着が持てるようになります。自分の星が意味する方位は、特にきれいに片付けておきましょう。自分の星の方位がみだれた状態だと、落ち着かない気持ちになり、勉強にも集中できません。

　また、九つの星ごとにラッキーカラーがあります。カーテンなどインテリアに取り入れたり、「なんだかうまくいかないな」と思うことが続いたら、ラッキーカラーを身に付けてみましょう。

　たとえば、ラッキーカラーが緑だったら、全身を緑にする必要はありません。ハンカチのがらが緑だったり、文ぼう具を緑にするなど、アクセントの色として取り入れましょう。大切なテストやスポーツの試合がある日も、ラッキーカラーのものを持つと実力が発揮できます。

次のページから
自分のパーソナルスター別
部屋のポイントをチェックしよう！　　**GO** ▶

★一白水星★

「水」の気を持つ星なので、部屋に水そうを置くと運気が上がります。金魚や熱帯魚を入れて、水がじゅんかんするようにすると効果的。手入れをさぼって水がよどんでしまうと逆効果。定期的に水を入れかえましょう。

通帳や通知表など大切なものはガラス製か白い箱に入れて保管します。

赤は火の色ですから、一白水星とは相性があまりよくありません。赤が好きなら、ワンポイントでつかうようにして、あまり大きな面積を赤一色にしないようにしましょう。とうめい感のあるビニール素材や水玉もようなど水をイメージさせるデザインが幸運をもたらします。

写真や絵をかざるなら、川やたきなど水が流れる風景を。魚のもようも吉です。

一白水星はその場の状況に流されやすいため、乱雑な机は考えがまとまらず、効率を落とします。勉強が終わったら教科書やノート、筆記具は決められた場所に片付け、机の上に出しっぱなしにしないように。ホコリやよごれがないように、きちんとふき取りましょう。

ラッキーカラー　白、水色、黒

★二黒土星★

大地の星ですから、ゆかはいつもすっきり片付けましょう。ゆかのすみにホコリがたまっているのも、運気を下げます。

部屋の中では、かわいいデザインではき心地のいいスリッパを。布製で花やフルーツがらで赤や黄色が入ったものがおすすめです。質のいいスリッパをはけば、足元がしっかり固まり、自分に自信が持てるようになります。

ゆかにはものを置かないこと。とりあえずバッグや本、スポーツ道具、楽器などを置いてしまうと、そこからみだれた気が発せられて、部屋全体がだらしなくなってしまいます。ゆかをすっきりきれいに保つことが二黒土星にとって最も効果的な開運法です。

机の上には木製の小物を。金属製のシャープペンよりもえんぴつのほうが勉強に集中できます。文字はゆっくりきれいに書くように心がけましょう。二黒土星はせかされるのが苦手ですから、急いで書きなぐったものは頭に入りません。

ざぶとんやクッションにはピンクやグリーンなどやさしい色合いのカバーをかけ、やわらかいふんいきに。

✦ ラッキーカラー ✦ 黄色、黒

★三碧木星★

　音色のいいものを部屋に置くと運気が上がります。楽器でもいいし、オルゴールやドアベルでもいいでしょう。

　朝、すっきり目覚められないようなら、家族や近所にめいわくにならない音量で好きな音楽をかけましょう。軽快でアップテンポな曲を耳にすると、「今日もがんばろう」という気になれます。オーディオ製品やピアノやオルガンなどの楽器にホコリがたまっているとアンラッキーなことが続きます。いつもピカピカにみがいておきましょう。

　三碧木星は朝日を象ちょうする星ですから、東や東南をしっかりと片付けておくこと。もしまどがあるなら、ガラスをふいてきれいな日差しが部屋に入るようにしてください。

　花をかざることはどの九星の人にとっても開運をもたらしますが、三碧木星は花を象ちょうする星でもあるので、季節の花をかざるようにしましょう。花びんはガラス製で安定感のあるものを。やさしい気持ちになりたい時はピンクの花、勉強に集中したい時はブルー系の花がいいでしょう。季節ごとの花をかざることで、時間の流れを実感でき、だらだらとむだに過ごすことが少なくなります。

✨ ラッキーカラー ✨ 赤、緑

★四緑木星★

　樹木のエネルギーを持つ四緑木星の部屋は、自然素材の布をつかったインテリアがおすすめです。風にそよぐカーテンは運気を左右する重要なアイテム。花や木の葉などやさしいイメージのものを。クッションやざぶとんもまるみを帯びた形にすると、性格がやさしくなり、だれとでも仲よくなれます。机の下などには、布のマットをしくと気持ちが落ち着きます。

　部屋にぜひかざりたいのが観葉植物。グリーンの生命力が、部屋を明るいエネルギーで満たします。毎日手入れをし、葉にホコリがたまらないようにしましょう。家族が集まるリビングにも観葉植物を置き、世話係になると家族の笑顔が増え、みんなから感謝されます。

　通帳や通知表など大切なものは木製の箱に収納を。スチール製の冷たいインテリアは、さけたほうがいいでしょう。

　四緑木星は風を象ちょうしますから、しめ切った部屋は凶。一日に一回はまどを開け、空気を入れかえましょう。勉強に行きづまった時も、新しい風を入れると頭がすっきりします。まどのカーテンがよごれてきたら、洗ってもらいましょう。

✨ ラッキーカラー ✨　緑、黄色

★五黄土星★

　九つの星の中央に位置する五黄土星はいわば王様の星。部屋は居心地よく整え、ゆったりとくつろげるようにしましょう。みだれた部屋では、せっかくのあなたの力がねむったままに。テストの結果が悪かったり、スポーツや音楽が思うように上達しないなら、まず部屋の片付けを。

　王や女王のように堂々とふるまえる部屋こそ、あなたの理想です。部屋の中心に机を置いたり、クッションを置いてストレッチをするなど、部屋のすみではなく中央で過ごすようにしましょう。部屋の主人公はあなた自身なのですから、中央の場所がふさわしいのです。

　運気を上げるラッキーアイテムはまるい写真立て。運動会で一等を取ったり、誕生日パーティーや発表会など、あなたが注目を集めた瞬間の写真をかざりましょう。いつも最高の自分でありたいという意欲がわいてきます。

　ドラゴンの絵や置物もあなたに力を与えてくれます。タツノオトシゴでもかまいません。インテリアのアクセントとして、キラキラ光るゴールドのアイテムを置くと、ラッキーなことが起こります。

ラッキーカラー　黄色、金色

★六白金星★

六白金星は時間を司ります。はっきりした数字の時計がラッキーアイテム。時間を正確に合わせることもポイントです。進んだりおくれている時計では、生活のペースもみだれてきて、成績も下がりぎみに。起しょう、しゅうしん時間を決めて、お休みの日も夜ふかしや寝ぼうはできるだけさけること。規則的な生活を続けることで、運気が上がっていきます。

机の上ではペン立てにこだわりましょう。シルバーのシャープなイメージのペン立てが集中力をアップさせます。えんぴつや消しゴム、ペンが机の上を転がっているような状態では気が散ります。ハサミやカッターナイフなどは出しっぱなしにせず、決められた場所にしまいましょう。

金の星を持つ人は、金属製品をいい加減にあつかうと、運気が大きくみだれます。大事なものは金属製の箱に入れて保管を。頭の働きがシャープになり、正しい判断を下せるようになります。

だえんや星のもようが幸運をもたらします。カレンダーや手帳に星のシールをはってスケジュールを管理するのもいい方法です。

✦ ラッキーカラー ✦　水色、銀色

七赤金星

そこにいるだけで楽しくなるようなキラキラとしたインテリアが七赤金星の長所を引き立てます。暗くどんよりした部屋では、消極的になり新しいチャレンジができません。もし部屋に鏡があるなら、ホコリがついたりくもっていないかチェックを。鏡は七赤金星のシンボルです。出かける前に自分のすがたを鏡にうつす習慣を。友だち関係がうまくいくようになります。

カーテンやざぶとんカバーはストライプや星、月のもようが運気を上げます。赤、黄色、白など明るい色をアクセントにつかったポップなデザインがおすすめです。スパンコールなどキラキラかがやくものを小物につけてもいいでしょう。

そうじのポイントはまどガラス。部屋に入ってくる光がくもらないように、ピカピカにみがきましょう。照明もすっきりふきそうじを。いつもかがやくものに囲まれているとあなたのみりょくや存在感もアップします。

ゆかの上に洋服やバッグを投げ出したり、本やゲームを出しっぱなしにするのは禁物。七赤金星は調和がみだれると、単におしゃべりのいい加減な人になってしまいます。

ラッキーカラー　　白、赤、黄色（クリーム色）

★八白土星★

　山の星である八白土星にとって、自分の部屋はお城のようなもの。だれにもじゃまされず、静かに集中できる環境が理想的です。

　といっても、モノトーンでまとめた暗い部屋ではなく、心を落ち着かせる花のもようをインテリアに取り入れましょう。真っ赤で派手な花ではなく、かれんな小さな花です。山にはかわいい高原植物の花がさいているものです。インテリアのベースになる色を落ち着いた茶色やベージュにすれば、花が引き立ちます。もちろん花をかざったり、はち植えを育てるのもいいでしょう。花の世話など、小さなことでも毎日、継続して行うことで大きな幸運を育てることにつながります。

　土の星ですから、とうきもラッキーをもたらすアイテムです。とうきのカップでお茶を飲んだり、とうきの花びんに花をかざりましょう。安定感のあるどっしりしたデザインのものがおすすめ。

　写真や絵をかざるのなら、山や高原の景色を。小さなことにくよくよせず、将来に向けての大きな目標が持てるようになります。また、友だちと自分を比べるのはやめて、それぞれちがう長所があるとみとめることも大切です。

ラッキーカラー　　黄色、茶、ベージュ

★九紫火星★

太陽の星の九紫火星ですから、心がぱっと明るくなるような部屋にしましょう。照明は明るいものを。机の上の電気スタンドにホコリがつくと暗くなるので、こまめにふきそうじを。天じょうの照明だけでなく、フロアスタンドを置くのもいいでしょう。

ラッキーアイテムは、ふくろうの置物。ふくろうは知恵の象ちょうです。九紫火星は打てばひびくようなスピーディな頭の回転を持つ星です。単に思いつきを口にするのではなく、知識のちく積があってこそ、みんなに感心されます。読書の習慣はぜひ身に付けたいもの。知識が身に付くだけでなく、開運につながります。

本だなはいつも整理してきれいに本をならべましょう。図書館で借りた本の期限を守らないのは運気を下げます。スケジュールを確認し、約束をきちんと守ってこそ、九紫火星らしい生き方ができます。

ていねいにきれいな字を書くことも大切です。机の上が乱雑だと、字もみだれがち。文ぼう具の収納場所を決め、いつもきちんと片付いた机にしましょう。

ラッキーカラー　赤、むらさき、オレンジ

風水チェック

もようがえシミュレーション！

今のあなたの部屋はどんな部屋？ 風水とパーソナルスターでわかったあなたの理想の部屋にもようがえしてみよう。もようがえの前に、まずは家具が配置できるかシミュレーション！

今の部屋

↓

風水を参考にこんな部屋にしてみたい！

＊方位を調べて、まずはドア、まどをかいてみよう！

第4章
学校生活をじゅうじつさせるための風水

人は住まいから発てんする

人は環境によって変わります。その中でも、最も強いえいきょう力があるのが、住まいです。ユミリー風水では「人は住まいから発てんする」と考えています。

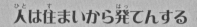

もし自分の部屋をもらっているのなら、自分で整えてみましょう。お母さんが家中をそうじしてくれているでしょうが、できる部分だけお手伝いしましょう。

家の中が整うと、いい「気」が外から入ってきます。目には見えない「気」の働きにより、家族の仲がよくなり、笑顔が増えます。家が楽しく、くつろげる場所になるので、学校や会社など家の外でもやる気が出て、がんばれます。

そんな楽しくじゅうじつした毎日をおくっていると、ますます「気」の状態がよくなり、そうじや片付けも苦でなくなります。

反対に、片付けられなくてごちゃごちゃした家では、「気」がよどみ、幸運が入ってくるスペースがありません。家の中でも落ち着かず、つかれが取れないので、学校に行っても授業に集中できず、成績も下がります。
　すると、お父さんやお母さんのきげんが悪くなり、しかられたあなたも落ちこみます。家族全体のエネルギーがなくなり、「家がよごれているな」と感じても、「そうじは明日にしよう」と先のばし。次の日になっても、また片付けることがめんどうになり、家の中はみだれる一方です。

　そんな悪いじゅんかんにならないよう、まず、あなたの部屋からきれいにしましょう。一度に全部を片付けるのは無理でも、少しずつ整っていけば、やる気が出て、ますます片付けたくなるはずです。

勉強に集中して、成績を上げたい

　机の上を見てください。教科書やノート、えんぴつ、消しゴムなどの文ぼう具以外に、あれこれ机の上に置かれていませんか？　まんがやゲーム機が目に入れば、宿題をしていても、つい遊びたくなるのはしかたがありません。人形やぬいぐるみも、つい目が合ってしまうと勉強に集中できません。

　勉強している時は、視界に余計なものが入らないようにしましょう。つかっていないおもちゃやゲームは、必ず片付ける習慣を。

　カーテンやざぶとんカバーをストライプやきかがくもようにするのも効果的です。キャラクターものや花がらだと、どうしても目が向いてしまい集中力が落ちます。ストライプの中に、赤やオレンジ、むらさきがあるとさらに集中力がアップします。きかがくもようの絵を部屋の南側にかざるのも、頭の働きを活発にします。

　そして、机の位置も重要です。かべに向けて置くのではなく、入口に向けて置きましょう。

すぐに宿題に取りかかる

　数字がはっきり表示されているカレンダーや時計を置きましょう。一日、一週間、一カ月、一年の時間は限られていると実感できます。

　ただし、カレンダーが前の月のままだったり、時計がおくれたり進んでいたりするのでは逆効果。正確な日にち、時間を示すようにしましょう。だらしない人の家は、去年のカレンダーや止まった時計をそのままにしていることが多いのです。

　学校から帰ってきたら、ランドセルやかばんからその日の教科書やノートを出し、よく日の時間割に合わせて準備しましょう。これを習慣にすると、よく日の学校に意識が向き、出された宿題を早めに終わらせたいという気持ちになります。学校に行く準備をぎりぎりにすると、宿題も先のばしして、あわててやることになってしまいます。

　それに、宿題のことを気にしながら遊ぶより、先にすませたほうが、残りの時間を楽しく過ごせます。よく日が提出日ではなく、たとえば一週間後だとしても、宿題が出たその日に始めるようにしましょう。

朝、すっきり目覚めたい

　ぐっすりねむれると、朝の目覚めもさわやかです。ベッドの配置によって、ねむりの質が変わります。

　起き上がった時に、ドアから入ってきたエネルギーを前方から受けるようにしましょう。ただし、ドアの正面にまくらがあるのは、エネルギーを一直線に受けてしまうので、ドアとはずらして置くようにします（67ページ　イラスト参照）。

　太陽がのぼる方位である東は、新しい一日を始めるエネルギーに満ちています。東まくらで寝るのもいいでしょう。

　人間は寝ている間にたくさんのあせをかきます。特に成長期にある子どもはあせかきです。ふとんがじめじめしているとねむりが浅くなり、朝になってもねむくて起きるのが苦痛になります。ふとんは日に干したり、乾燥機をつかって、しっけがこもらないようにしましょう。

忘れ物をしない

　おもちゃや本、おかし、ぬぎっぱなしの洋服で散らかった部屋に暮らしていると、だらしない性格になります。学校で必要なものをそろえようとしても、探すのに時間がかかります。

　もう遊ばないおもちゃ、読まない本やまんがは年下の子にあげましょう。ランドセルやかばんの置き場は、しっかり決めて、帰宅したらすぐよく日に必要なものをそろえるようにすれば、忘れ物はなくなります。すっきりと片付いた部屋は、「自分のことは自分でやる」という自立心を育てます。

風水のことが
わかってきたかな？

ＮＧ部屋と理想部屋を見てみよう！

GO ▶

これだとNG部屋

bad! **NGポイント**

☐ 片付いていなくてゴチャゴチャしている

☐ 机がかべを向いている

☐ 机の上に教科書、ノート、えんぴつが出しっぱなし

☐ まんが、ゲームが散乱している

☐ 机の上に人形やぬいぐるみがある

☐ キャラクターがらのカーテン

☐ カーテンをしめたまま

☐ カレンダーが前の月のまま

☐ 時計が止まったまま、または時間が合っていない

☐ ドアの正面にまくらがある

☐ ランドセルをゆかに置いている

☐ 洋服がぬぎっぱなし

☐ 部屋のすみにホコリがたまっている

☐ 照明にホコリがたまっている

これが理想部屋

good! OK ポイント

- □ スッキリ片付いている
- □ 机が入口を向いている
- □ 机の上にはその時に必要なものだけを出す
- □ 本だなはきっちり整理されている
- □ 部屋の中に植物を置いている
- □ ストライプやきかがくもようのカーテン
- □ 昼間はカーテンを開ける
- □ まどはピカピカでくもっていない
- □ 数字がしっかり書かれているカレンダー
- □ 時計は正確な時間を指している
- □ ドアの正面からズレた位置にまくらがある
- □ ランドセルを決められた位置に置く
- □ 洋服は出ていない、またはハンガーにかかっている
- □ 部屋はいつもきれいにそうじされている

スポーツが上達する

　カーテンは、しめたままにせず、昼間は日光を取り入れるようにします。しゃ光カーテンにせず、朝の太陽を感じられるカーテンにしましょう。そして、新せんな風が入るように、こまめにまどを開けて空気を入れかえましょう。部屋の中にエネルギーが満ちて、運動能力が上がります。

　いすに座った時に左回転して本が取れるようにします。左回転は運動能力を高めるからです。

　かべに何かをかざるなら、ベッドから見える位置に橋の写真や絵を。橋はエネルギーが集まる場所で、風水では橋の見える家は発てんするといわれています。橋の写真や絵をかざることで、スポーツ選手に必要な集中力が養われ、大事な試合で活やくできるようになります。

楽器演そうが上達する

　楽器や絵などアーティストになるためには、いすは右回転に。いすを右に回して教科書やノートが取れるようにレイアウトしましょう。

　南側にまどがあるなら、クリスタルをつるします。こうすると、南側から入ってくる光がじょうかされ、楽器演そうのための表現力が身に付きます。カーテンはだいたんながらに。天じょうからモビールをつるしたり、色あざやかな絵や写真をかざります。

　発想が豊かになるように、一～三カ月ごとに部屋のもようがえを。家具を動かさなくても、モビールや絵、写真の場所を変えるだけでOK。視覚的にしげきを与えることで、芸術的な才能がのびます。

なりたい職業を見つけたい

　まどを背にして机を置くと、エネルギーをパワフルに受ける一種のショックりょう法に。「自分は何になりたいのか」をしっかりと考えるようになります。先生や親に言われたから勉強するのではなく、将来のために学ぼうという気持ちが出てきます。学校の勉強だけではなく、社会についてはば広く知りたいという気持ちが強くなり、自分に向いている仕事は何かを考えるようになります。

　まどガラスはピカピカにみがいて、太陽の光が入るようにすること。将来、自分がなりたい職業がイメージできるようになります。

　南の方角にふくろうの絵や置物をかざるのも効果的。

　そして、ここでいう「なりたい職業」は、あくまでも、あなた自身がやってみたいと思う仕事です。「この職業についたら、お父さんやお母さんが喜んでくれる」という理由だけで選ぶのは、少し考えましょう。いったんその職業を始めたら、何十年も続けることになるかもしれないのです。長い期間ずっと、やりがいを持ち続けて働ける仕事かどうか、自分の心の声に耳をかたむけてください。

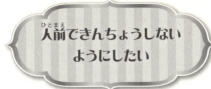
人前できんちょうしないようにしたい

　大事な発表会やスポーツの試合が近づいたら、部屋の北西を整理して、きれいな水を入れたグラスを置きましょう。

　また、南にサボテンを置くと、たくさんの人の前でもきんちょうせずにすみます。てんとう虫のモチーフは、安心感を与えてくれるので、ワンポイントのもようが入ったハンカチを持つのも効果的です。

　ただし、準備をなまけていて、こうした風水的な開運法だけにたよるのは感心できません。いくら北西に水を置いても、ちゃんと練習しておかなければ発表会ではじょうずにできないでしょうし、試合でも実力を発揮できないでしょう。

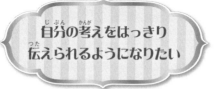

自分の考えをはっきり伝えられるようになりたい

　南は頭脳を司り、考えやかくれた才能を発揮するために活用したい方位です。

　もし、あなたの部屋の南側がよごれていたり、片付いていないのなら、あなたの言いたいことがなかなか相手に伝わりません。南側にまどがあるなら、ガラスをみがきましょう。たいていの家では、太陽の光を取り入れるために南側に大きなまどがあります。自分の部屋だけでなく、家の中心から見て南にあるまどをそうじすると、さらに効果的です。お父さんやお母さんの仕事運も上がります。

　まどがきれいになったら、こまめに開けて、南の「気」を家の中に取り入れましょう。キラキラ光るクリスタルをかざるとさらに効果的です。

部活動で活やくしたい

　名誉や名声を司るのも南です。南は太陽の力が最も強くなる方位ですから、南が風水的に整っていると、まるでスポットライトを浴びたかのように、活やくできるのです。

　部屋の南側をそうじし、まどをみがくのは、「自分の考えをはっきり伝えられるようになりたい」（104ページ）の項目と同じです。

　もし部活動が野球やサッカー、バレーボール、バスケットボール、ブラスバンド、合唱、演劇など、チームで行うものだったら、南東の方位も大切です。南東は人間関係を司ります。山の絵や写真を南東にかざると、みんなのパワーが集まります。

楽しい学校生活をおくりたい

学校に持っていくバッグや文ぼう具、ハンカチに水玉もようのものを選びましょう。「性格がまるい」といわれるように、まるい形を取り入れると、だれとでも楽しく付き合える性格になれます。

クラスでリーダーになりたい

リーダーを司る方位は北西。ここに星や雲のモビールをかざります。厚紙を星や雲の形に切りぬいて色をぬり、天じょうからつるしましょう。北西のエネルギーが強くなり、友だちから信らいされます。

学校でいやなことがあり、行きたくないと思った時も、部屋の北西をそうじすると、前向きな気持ちを取りもどすことができます。

受験で失敗しないようにしたい

　合格する実力があるのに本番で失敗するのは、エネルギーがどこかでせきとめられ、スムーズに回らないからです。

　積み重ねてきた成果をすらすらと答案用紙に書けるようになるためには、日ごろからエネルギーの流れがいい部屋で勉強することが大切。

　受験を意識したら、しゃ光カーテンはさけましょう。光を通さないカーテンは、外からのエネルギーをしゃだんしてしまいます。色はベージュ、ホワイト、クリームなどの光を通す素材にして、キャラクターなどのがらはさけましょう。

　部屋には観葉植物を。植物は、部屋の「気」をじょうかしてくれます。花をかざってもいいでしょう。その場合は、花びんの水は毎日かえてください。

運よく生きたい

　ぬいぐるみや人形などを無造作におもちゃ箱につっこんでいませんか？　または、まくら元にならべていませんか？
　顔のあるものは、たとえ布やプラスチック製であっても、一種の命を宿しています。あなたを見てくれているように、正面・前を向けてならべましょう。持ち主にかわいがられ、大切にあつかってもらっていれば、あなたに幸せをもたらそうとしますが、忘れ去られたり、ホコリをかぶった状態で放っておくと、あなたの運気に大きくマイナスです。あなたが友だちと楽しく遊んだり、じゅうじつした学校生活をおくっていると、「置き去りにされている」という悲しさから、あなたの足を引っ張り、運を悪くするのです。
　本当に気に入っているものは、ちゃんと手入れして、部屋のいい場所にかざってあげましょう。もう遊ばなくなったぬいぐるみや人形は、小さな子にあげたり、「ありがとう」という言葉をかけて白い布に包んでお別れしましょう。

人気者になりたい

　東にまくらを向けて寝ると、親しい友だちにめぐまれます。また、北東にオーディオや楽器など音の出るものを置くと、人間関係の輪が広がります。南東には友だちとうつっている写真や、かおりのいい花、観葉植物をかざりましょう。緑色や四つ葉のクローバーは、なごやかな人間関係のシンボル。洋服や持ち物に取り入れると、友だちとうまくいきます。

　ずっと友だちと仲よしでいるのは、円満な性格の人です。部屋の中にとがったものがたくさんあると、キレやすい性格になり、きらわれてしまいます。ハサミやカッターナイフなどの刃物は出しっぱなしにせず、片付けましょう。また、テーブルの角に座って過ごす時間が長いと、性格がきつくなって人を責めたくなります。座る場所を移動しましょう。

おく病な性格をなおしたい

　学校や塾など、外出する前に準備がちゃんとできていないと、消極的な気持ちになりがちです。
「忘れ物をしているんじゃないか」「宿題に手をぬいている」「今日の服は似合っていない」など不安になっていると、新しいことにちょう戦するどころか、目立たないようにかくれたくなります。

　おく病な性格をなおして、いつも堂々とふるまうためには、事前の準備が必要です。ステージに立ち、多くの観客の前で歌うスターは、人に見えないところで何度も練習していますし、舞台衣しょうも入念に選んでいます。
　たとえば学校も、あなたにとって一つのステージのようなものだと考えて、前の日からしっかり準備しましょう。時間割に合わせて教科書やノートを用意し、えんぴつもけずります。もちろん宿題は、ぎりぎりではなく、出された日には取りかかって、自分なりにかんぺきに仕上げておきます。よく日に着ていく服も、寝る前にそろえておきましょう。

朝は寝ぼうせず、ゆとりをもって起きます。歯みがきも時間をかけて、ていねいに。ちこくしそうになって、あわてて教室に入るようなことはせず、早めに席に着いておくと、授業中も積極的に発言できます。

なりたい自分になる

「大スターになりたい」「サッカー選手になりたい」と望んでも、その道があなたに合っていなかったら実現しません。

でも歌やサッカーの練習が好きだったら、どんどんやるべきです。たとえそれが将来の仕事にならなくても、あなたの人生を豊かにするでしょう。

そして、最終的には、心の底から望み、自分の才能に合った道に進むことが「なりたい自分になる」ということです。そのためには自分を知ることが重要です。

風水では、鏡には特別な力があるとされています。今でこそ、鏡はだれでも持っているものですが、大昔は、王様や女王様など限られた人しか鏡を持っていませんでした。古くから伝わる「三種の神器」は剣、勾玉、そして鏡です。鏡には特別なものがうつると信じられていたのです。

もし、あなたの部屋や洗面所、げん関にある鏡がくもっていたりよごれていたら、本当の自分を見ることができません。毎日、自分のすがたを正確にうつすためにも、鏡をみがきましょう。ピカピカの鏡にうつった自分のすがたを目にするうちに、自分がどうなりたいのかがはっきり見えてきます。

風水チェック

あなたの部屋の理想部屋度は？

あなたの部屋は理想部屋に近づいていますか？
今の部屋の理想部屋度をチェックしてみましょう。

- ☐ 机が入口を向いている
- ☐ ベッドはきちんと整えられている、またはふとんはしまっている
- ☐ 机の上に不必要なものは置いていない
- ☐ 読んだ本やまんがは本だなにしまっている
- ☐ 花またはグリーンなどの植物がある
- ☐ カーテンは毎日開けしめしている
- ☐ まどや鏡はピカピカでくもっていない
- ☐ カレンダーはきちんとめくられている
- ☐ 時計は正確な時間を指している
- ☐ ドアの正面からズレた位置にまくらがある
- ☐ ランドセルを置く場所が決まっている
- ☐ 洋服はたんすの中、またはハンガーにかかっている

チェック12コ
理想部屋度 100%

おめでとう！あなたはとってもきっちりとした、がんばりやさん。いい運気がいつでもおとずれるはず！

チェック7～11コ
理想部屋度 60%

もう少しがんばって！あとちょっと、部屋をきれいにすればいい運気がやってきますよ。

チェック3～6コ
理想部屋度 30%

う～ん…。もう少し自分の部屋を大事にしてみましょう。身のまわりをきれいにすることでいろんなことに自信もつくはず。

チェック0～2コ
理想部屋度 0%

残念。おそらくとっても居心地が悪い部屋になっているはず。よくない空気をためないように、できることから整理してみて。

> ＊友だちとうまくやっていきたい
> ＊仲間はずれになりたくない
> ＊いじめをなくしたい

　友だち関係がうまくいかない場合、南東の方位がみだれていることが多いのです。あなたの部屋の南東には何がありますか？

　もし南東にまどがあるなら、まどガラスをみがき、カーテンをせんたくしましょう。サッシにどろやホコリがたまっていたら、きれいにそうじを。そしてまどを開け、南東からの風を室内にめぐらせるようにします。

　南東に机を置いているのなら、机の上はいつも片付けておくこと。洋服だんすやクローゼットを置いているなら、きれいに整理しましょう。

　南東に木製の置物や観葉植物を置くのも、友だち関係をなごやかにします。そして、部屋の北東には、山の絵をかざります。どっしりとそびえる山を目にすることで、公平な気持ちでいじめをなくす勇気が出てきます。

これが理想部屋

* 新しい友だちをつくりたい
* 初めて会う人とも仲よく話したい

　部屋の東がポイントです。日の出の方位である東は、新しい出会いを司ります。東側が片付いていなかったり、ホコリがたまっていると、新しく出会った人になかなかなじめません。

　きれいにそうじしたら、東に音の出るものを置きましょう。オルゴールや鈴、ラジオなど。ハーモニカや笛など、楽器もいいでしょう。初対面の人にも気楽に話しかけられるようになります。

　第一印象アップのためには、自然に人が寄ってきたくなるような、明るい服そうを。クリーム色や黄色、ピンクなどの色がおすすめです。

＊親友をつくりたい

　新しくできた友だちと親友になりたいのなら、東に置いた音の出るもの（118ページ）を、南東に移動させましょう。これによって、単なる友だちからもっと仲よくなり、親友に近づきます。

　いっしょにごはんを食べる機会があれば、ラーメンや焼きそば、うどん、パスタなどめん類を。長く続く縁をもたらします。

＊たん任の先生にほめられたい

　目上の人を示す方位は北西。部屋の北西を片付けましょう。
　ただし、いくら北西をきれいにしても、忘れ物をしたり、授業中に上の空では、先生にほめられることはまずありません。先生の顔をきちんと見て、明るい表情でいることも大切です。
　風水は、何でも願いをかなえるまほうのようなものではありません。日ごろからがんばっている人をさらにパワーアップさせるための方法です。

＊けんかした友だちと仲なおりしたい

　友だちとうまくいかず、けんかにまで発てんする時は、部屋が散らかっていることが多いのです。部屋を片付けないままで仲なおりしようとしても、「あの時、こう言われて腹が立った」「わたしは悪くない」など、言い訳ばかりが出て、仲なおりどころか、けんかをむし返すことになりかねません。

　部屋全体をきれいにするのが理想ですが、まず人間関係を司る方位である南東からきれいにしましょう。南東から南、南西へと右回りにきれいにしていき、最後に東をそうじすると、友だちと新たな関係をつくりなおすことができます。

＊ボーイフレンドがほしい

　部屋に花をかざりましょう。小さな花でもかまいません。花と暮らしていると、自然とやさしい女の子らしい気持ちになり、恋を引き寄せます。ドライフラワーや造花では効果はありません。

　あまりにもたくさんのキャラクターグッズやぬいぐるみに囲まれていると、なかなかボーイフレンドはできません。あなたが彼に心ひかれて、自分たちのことを忘れてしまうのをおそれて、ボーイフレンドとの出会いをじゃまするのです。

　全部を手放す必要はありませんが、本当に仲よしのものだけを残して、後は整理しましょう。ハンカチやかばんも、花がらを選ぶといいでしょう。

＊きょうだいげんかをなくしたい

お兄さんや弟と仲よくしたいのなら、東、東北、北を、お姉さんや妹なら、西、南東、南をきれいにします。

お母さんのお手伝いをして、ダイニングテーブルの上はいつも片付けて、きれいにふきましょう。家族全員のテーブルなのに、自分のものや教科書、プリント類を出しっぱなしにしておくのは、家族関係をぎくしゃくさせますし、「あの子だけいつもわがままだ」ときょうだいに思われます。洗面所なども、家族みんなが気持ちよくつかえるように、顔を洗ったり歯をみがいた後は、さっとひとふきしておくと、きょうだいげんかもなくなります。

＊お父さんと気軽に話したい

父親を示す方位は、北西。自分の部屋の北西が片付いていないと、お父さんとの関係がぎくしゃくします。

部屋に高そうビルの写真をかざったり、家族で出かけるなら、てん望台を提案しましょう。お父さんは一家の長ですから、「高い場所」で本来の自分の力を取りもどし、大らかな気分になります。そんなお父さんとなら、会話もはずみます。

＊お母さんに対して、素直になりたい

　一家の母を示す方位は、南西です。自分の部屋の南西はもちろん、リビングルームの南西、家の中心から見た南西は、進んできれいにしましょう。

　南西は、夏から秋にかけて強い西日が差しこむ方位です。まどがあるなら、午後は早めにカーテンをしめましょう。

　自分の部屋を片付けず、いつも散らかったままにしていると、お母さんもイライラします。お母さんとしては、家の中をすべてきれいにしたいのに、あなたの部屋を勝手にそうじするのもためらってしまうからです。お母さんにそんなふうに思われる前に、自分からそうじしましょう。家族の間、特にお母さんには、日ごろから「ありがとう！」という声をかけることが大切です。ぜひためしてください。

　そのうえで、第６章をお母さんといっしょに読んで、できることからお手伝いを。げん関やトイレそうじを手伝ってみると、これまで家族のためにずっとそうじをしてくれたお母さんに対して素直に「ありがとう」と言いたくなるはずです。

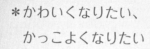

*かわいくなりたい、かっこよくなりたい

　おしゃれ運を左右するのは洗面所。お母さんがそうじしているでしょうが、お手伝いするなら、ぜひ鏡をピカピカにみがきましょう。

　おしゃれな人は、洋服をていねいにあつかうものです。クローゼットや洋服だんすの中は、きれいに整理。着たい服がすぐに見つかるようにしましょう。ぬぎっぱなしの服をゆかに置くようでは、おしゃれの上級者になれません。

　女の子なら、部屋に季節の花や好きな花をかざりましょう。一輪ざしでもOK。花があなたの心にうるおいを与え、表情が豊かになります。笑顔がかわいい子は、それだけでおしゃれに見えるもの。花がらのハンカチやバッグを持つのもいいでしょう。男の子なら、観葉植物をかざります。

第6章
毎日の習慣にも風水を取り入れよう

朝一番にまどを開けて、新せんな風を入れる

　すいみん中に、人間はかなりのあせをかきます。部屋の空気もかなりよどんでいます。まどを開けて、新せんな風を入れましょう。ねむけもなくなり、気持ちがすっきりします。

　一日に一回、部屋の空気を入れかえることで、エネルギーのめぐりがスムーズになります。いやなこと、むずかしいことにぶつかっても、にげずにぶつかっていく勇気もわいてきます。

　朝日を浴びるのも、とてもいい習慣です。太陽がのぼるエネルギーを体に受けると、やる気が出て、勉強や運動に前向きに取り組むことができます。

　風水では、東は新しいことを始めるパワーに満ちた方位。昔から「男の子は朝日に当てよ」と言われるのは、新しいことにもどんどんちょう戦して家をもり立てる前向きな男の子に育ってほしいからです。今は女の子だって同じです。朝日を浴びて、勇気を持ってチャレンジできる女の子になりましょう。

起きたらベッドを整える

　小さいうちはお母さんがベッドを整えたり、ふとんを上げてくれていると思いますが、高学年になったら、自分でやるようにしましょう。

　ベッドやふとんを起きたままの状態で学校に行き、そしてそのまま学校から帰って自分の部屋にもどってきたとします。まず目に入るのは、くしゃくしゃのシーツやふとん。気持ちが一気にゆるんでしまい、宿題に取りかかる気にもなれません。

　そうならないように、学校に行く前に、ベッドを整え、ふとんなら押し入れに。ぎりぎりまで寝ていると、そんな時間はありませんから、今より10分でも早く起きましょう。まどを開け、朝日を浴びて、ベッドとふとんに空気を入れるように整えるという一連の行動を習慣にしてください。

身だしなみを整える

　自分の体を包む洋服も、あなたの運気を大きく左右します。
　部屋をきれいに保つのと同じぐらい、洋服やかみをきちんとすることも大切です。つめはいつも清潔ですか？
　「身なりで人を判断してはいけない」というのも事実です。高級なブランドの服を着ている人が必ずしもお金持ちとは限りません。でも、だらしないかっこうをしていると、気持ちまでだらしなくなってしまいます。
　たとえば、日曜日にパジャマのままで一日を過ごしたら、決してじゅうじつした一日にはならないでしょう。けいさつ官や消防士、かんご師さんがたよりがいのある大人に見えるのは、制服を着ているからです。
　学校に行く時は、勉強するのにふさわしい服そうを。ハンカチやティッシュも忘れないようにしましょう。

大きな声であいさつする

　風水は毎日の生活術です。住まいだけでなく、人間関係も整えることで、あなたの運は大きく上がります。無人島で一人ぼっちで暮らしているのでもない限り、すべての運は人を通してやってくるからです。

　人間関係の基本はあいさつです。

　朝は元気な声で「おはよう」。お母さんがごはんやおやつを用意してくれたら「いただきます」。食べ終わったら「ごちそうさま」。おいしかったら、お母さんにそう伝えましょう。料理好きのお母さんでも、毎日家族のごはんをつくるのは大変です。もしかしたら、手をぬきたいと思っているかもしれません。でも、あなたが「ごちそうさま、おいしかった」と伝えると、家族のためにがんばって料理しようという気持ちになります。お母さんが楽しく料理をすれば、家族全員の運気が上がっていきます。同じ材料でつくった食事でも、いい「気」が入っているからです。

学校や塾から帰ったら「ただいま」。その声を聞くだけで、お母さんはあなたが無事に家まで帰ってきたことにほっとするでしょう。
　「家族だから、いちいちあいさつしなくても、わたしのことをわかってもらっている」なんて思ってはいけません。「言霊」という言葉があるように、言葉には特別なエネルギーがこめられているのです。
　だれかに親切にしてもらったら「ありがとう」の一言を。めいわくをかけたら「ごめんなさい」と素直にあやまります。
　はずかしい、照れくさいと何も言わずにいると、その場の空気がどんよりします。そして周囲はあなたのことを「れいぎを知らない子」「ちゃんと成長していない子」というマイナスの評価を付けます。
　あなたの中にすばらしい可能性があったとしても、まわりがそうみとめてくれなければ、その可能性は芽を出すこともなく、ねむったままです。

花を育てる

　夏休みの宿題で朝顔を育てたことはありますか？　日々、成長していく花やグリーンの世話をすると、植物からパワーをもらえます。庭があるなら、家の人と相談して種やなえを植えてみましょう。

　庭やベランダなど屋外で植物を育てると、大地の気を取り入れることができます。つまり、自分に足りていない運気を取りこむ効果があるのです。部屋の中で、ヒヤシンスなど球根の水さいばいをするのも、日々育っていく植物のパワーを目にすることができ、毎日の生活がいきいきしてきます。

　花やグリーンを部屋にかざると、生命エネルギーがじゅんかんし、そこに暮らす人を元気にしてくれます。自分で育てた花なら、効果も倍増。家族にも喜ばれます。

　花びんの水は毎日取りかえましょう。一輪だけかざっても、部屋の空気ががらりと変わります。

げん関のくつをそろえる

　学校から帰ってきたら、くつをぬぎ捨てて「今日のおやつ、何？」と家にかけこんでいませんか？

　風水で最も大切な場所はげん関です。なぜなら、げん関を通して、あらゆる「気」が家の中に入ってくるからです。

　昔の中国では、皇帝や貴族の住まいを建てる時は、風水師がどの向きに門をつくるかを細かく計算していました。まちがった場所に門をつくると、敵がかんたんにしん入してきてしまうからです。

　現代でも、くつがぬぎ散らされているげん関の家は、家族全員の運気が下がります。げん関でみだれた「気」を受けたまま家の中に入るので、落ち着いて勉強に取り組めません。そして、みだれたげん関を通って外に出るので、学校や会社でもミスが多くなり、うまくいきません。

　くつをぬいだら、必ずそろえるようにしましょう。自分のくつだけでなく、家族のくつもそろえてあげると喜ばれます。

トイレそうじを手伝ってみよう

　げん関の次に大切な場所がトイレ。
「トイレそうじをすると金運が上がる」「美人になる」という話を聞いたことがある人も多いはずです。風水師は、その家のトイレを見ただけで、お金持ちかどうかがわかります。
　ところが風水の本場である中国では、トイレはあまり重要視されていません。中国では最近まで、トイレは家の外に置かれていることが多かったからです。昔の日本もそうでした。水で流すトイレではなく、はいせつ物をそのままためて、畑の肥料に利用したりしていたのです。
　その後、日本では水洗トイレがふきゅうし、トイレは家の中につくられるようになりました。しかし、いくら水洗で清潔だといっても、トイレは人間のはいせつ物を流す場所です。「ご不浄」とよばれることもありますが、不浄とは、「けがれている」という意味。ていねい語の「ご」が付けられているのは、トイレをこまめにそうじして、けがれのない場所にしようという気持ちがこめられているからでしょう。

アジアの国の中で、日本が最も早く経済成長をとげたのは、洗浄器付きトイレなどトイレがどんどん進化したからではないかとわたしは考えています。

　トイレそうじはお母さんの役割という家が多いでしょうが、休みの日にはトイレそうじを手伝ってみましょう。
　風水では、人に親切にするなど、いいことをすることを「徳を積む」とよびます。日ごろから徳を積んでいる人は、運気の悪い時期になっても、落ちこみが少なくてすみ、幸運期には一気に運気が上がります。
　家中で最も不浄な場所であるトイレをきれいにするのも、徳を積むことです。お母さんに喜ばれるだけでなく、ラッキーなことも起こるのですから、ぜひ、やってみてください。

かばんやランドセルは、ゆかに直接置かない

　部屋が片付けられない人は、なんでもゆかの上に直接、置いてしまうことが多いのです。最初は一個や二個だけだったのが、どんどん増えてきて、ゆかが見えないぐらい、ものが散乱していきます。

　風水では「気」の流れをとても大切にします。ゆかの上に、かばんやランドセル、本、まんが、おもちゃ、ゲーム、ぬいだ服が散らかっているのは、気の通り道をふさいでいる状態です。「運気」と書いて、気を運ぶという意味なので、じゃまするものがあると運が悪くなります。

　かばんやランドセルは、机にかけたり、たなに置くなど場所を決めて、家に帰ったら必ずそこに置くようにしましょう。本やまんがは本だなへ。おもちゃやゲームは遊び終わったら、とびらのある場所に入れます。勉強中に目に入ると遊びたくなるからです。そして、服はハンガーにかけます。

　毎日の習慣にすれば、部屋はいつも片付いた状態になります。

ものが多すぎて置く場所が足りないという人は、もうつかわないものや遊ばないおもちゃを小さい子にあげるなどして、減らしましょう。

　そして、ベッドやふとんに入る前に、部屋の状態をチェック。ゆかに出しっぱなしになっているものはありませんか？　明日の用意はちゃんとできていますか？

　朝、起きた時に、あなたの目に入ってくるのは、最高の状態の部屋であってほしいのです。

よく日の準備は前の日にすませておく

　学校の時間割は前の日にチェックして、教科書やノートをそろえましょう。朝、起きてからでは、時間がなくてあせってしまい、忘れ物をしがちです。それに、風水では朝の時間はとても貴重なもの。部屋の空気を入れかえたり、朝日を浴びるなど、エネルギーを満たすためにつかってほしいのです。

　出かける用意ができていると、気持ちのゆとりをもって朝をむかえられます。家族にも「おはよう」と元気にあいさつができ、一日のスタートがとてもなめらか。そんな日は、ラッキーなことがたくさん起こります。

パーソナルスター別 ラッキーフード

　元気が出ない時は、自分のパーソナルスターのラッキーフードを食べてみましょう。あなたのエネルギーに合った食べ物ですから、体内に取り入れることで、内側から力がみなぎってきます。

★一白水星（いっぱくすいせい）★

牛乳、魚、お吸い物、プリン、
ミントキャンディー

★二黒土星（じこくどせい）★

お米、豆類、いも、きのこ、
豚肉、おしるこ

★三碧木星（さんぺきもくせい）★

梅干し、ブロッコリー、野菜ジュース、
みかん、グレープフルーツ

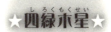
★四緑木星★

パスタ、うどん、キャベツ、
フルーツジュース

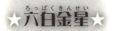
★五黄土星★

ヨーグルト、チーズ、納豆、
味噌、ホットケーキ

★六白金星★

ナッツ、天ぷら、のり巻、
メロン、カステラ

☆七赤金星☆

鶏肉、ねぎ、紅茶、
コーヒー、チョコレート

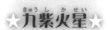

☆八白土星☆

牛肉、とうもろこし、大根、
もなか、ココア

☆九紫火星☆

えび、かに、海藻、
パプリカ、みつまめ

あとがき

みなさん、ここまで読んでいただいてありがとうございました。
風水はおまじないでもなく、占いでもなく、ごく当たり前な毎日の生活の環境を整えることが大切だということがわかってもらえたでしょう。
その環境をあなたにとってベストな条件にすることで自らの道が開けることもおわかりになりましたよね…

さて…幸せになるため、幸せに暮らせるための風水ですが…
みなさんにとって「幸せ」とはどんなことですか？
夢をかなえることですか？
では、あなたの「夢」はどんなことですか？
今はご両親が幸せな環境をつくってくれているかもしれませんが…
大人になっていくうえで、あなた自身が自分の幸せはどんなことかをきちんと理解して、幸せになるための環境をつくっていかなければなりません。
幸せは～お金がたくさんあることなのか？
毎日、楽に暮らしていくことが幸せなのか？
よく考えてみてください。
幸せは、あなたが好きで夢中になれることと出会い、大好きになれる気の合う人と共に過ごして生活することだと思いませんか？

さて…あなたの好きなこと…
きちんと考えてみてくださいね。
そして毎日の風水生活で、あなたの幸せをつかみましょう～

直居 由美里

直居由美里（なおいゆみり）／ユミリー

風水建築デザイナー。「ユミリープランニングスペース」代表。由美里風水塾塾長。風水・気学・家相学などを30年以上にわたり研究し、ユミリー風水を確立。「人は住まいから発展する」という理念のもと、風水に基づいた家づくりを提案し、芸能人や著名人からも多くの支持を得ている。テレビやラジオ、雑誌、講演会のほか、企業のコンサルタントとしても活躍中。全国各地の文化センターの講師としても人気。主な著書に『九星別ユミリー風水』（大和書房）『ユミリー開運風水ダイアリー』（永岡書店）『ユミリー風水幸せの法則』（双葉社）などがある。

執筆協力　森川明子

イラスト　すみもとななみ
　　　　　近森まどか
編集協力　ニシ工芸株式会社
デザイン　岩間佐和子

愛蔵版 ハッピーになれる誕生日風水

初版発行／2015年12月

著者　直居由美里

発行所　　株式会社 金の星社
　　　　　〒111-0056　東京都台東区小島1-4-3
　　　　　電話　03-3861-1861（代表）　FAX　03-3861-1507
　　　　　振替　00100-0-64678　http://www.kinnohoshi.co.jp

印刷　図書印刷 株式会社　　製本　東京美術紙工

144ページ　　18.8cm　　NDC148　　ISBN978-4-323-07348-4

©2015 Yumily Naoi Printed in Japan

Published by KIN-NO-HOSHI SHA Co.,Ltd, Tokyo JAPAN

乱丁落丁本は、ご面倒ですが小社販売部宛にご送付ください。
送料小社負担でお取り替えいたします。

JCOPY　(社) 出版者著作権管理機構 委託出版物

本書の無断複写は著作権法上での例外を除き禁じられています。複写される場合は、そのつど事前に (社) 出版者著作権管理機構 (電話 03-3513-6969 FAX 03-3513-6979 e-mail:info@jcopy.or.jp) の許諾を得てください。
本書を代行業者等の第三者に依頼してスキャンやデジタル化することは、たとえ個人や家庭内での利用でも著作権法違反です。